BEI GRIN MACHT SICH IHR WISSEN BEZAHLT

Nutzungspotenziale von Big Data für Unternehmen. Inwiefern muss das Controlling seine Methoden anpassen?

Julian Brüggmann

Bibliografische Information der Deutschen Nationalbibliothek:

Die Deutsche Nationalbibliothek verzeichnet diese Publikation in der Deutschen Nationalbibliografie; detaillierte bibliografische Daten sind im Internet über http://dnb.d-nb.de abrufbar.

ISBN: 9783346255648
Dieses Buch ist auch als E-Book erhältlich.

Druck und Bindung: Books on Demand GmbH, Norderstedt Germany
Gedruckt auf säurefreiem Papier aus verantwortungsvollen Quellen

Das vorliegende Werk wurde sorgfältig erarbeitet. Dennoch übernehmen Autoren und Verlag für die Richtigkeit von Angaben, Hinweisen, Links und Ratschlägen sowie eventuelle Druckfehler keine Haftung.

Das Buch bei GRIN: https://www.grin.com/document/925654

Datenorganisation und Datenmanagement: Big Data. Großer Nutzen? Methodenanpassung des Controllings

Kim-Julian Brüggmann
Abgabedatum: 28.02.2020

Inhaltsverzeichnis

1   Einleitung..1

   1.1   Problemstellung..1

   1.2   Gang der Untersuchung...2

2   Theoretische Grundlagen 3

   2.1   Begriffliche Definition...3

   2.2   Ziele und Definition von Big Data im wirtschaftlichen System.........................7

3   Big Data Strukturen im wirtschaftlichen Konsens...8

   3.1   Implementierung ins Unternehmen 8

   3.2   Finalisierung der Informationsverarbeitung 9

   3.3   Anpassung der Methodenkompetenz am Beispiel des Controllings 11

4   Schlussbetrachtung 13

   4.1   Fazit für Wirtschaftssubjekte 13

   4.2   Ausblick...13

5   Quellen 15

Abkürzungsverzeichnis

BD	Big Data
BI	Business Intelligence
DM	Data Mining
NLP	Natural Language Processing
NoSQL	Not only Structured Query Language
SQL	Structured Query Language

Tabellenverzeichnis

Tabelle 1: Eigene Darstellung Big Data Kriterien im Überblick..6

1 Einleitung

1.1 Problemstellung

Durch die enorme Entwicklung der technologischen Innovationen im Zuge der Digitalisierung, entsteht unweigerlich ein immer größer werdendes Aufkommen an Daten. Dies hat zur Folge das nicht nur die Umstellung von analoger auf digitale Visualisierungformen notwendig ist, sondern auch die Veränderung des Kundenverhaltens und der Märkte durch digitale Innovationen messbar wird, sowie die aus ökonomiischer Sicht notwendigen Veränderungen von Geschäftsmodellen, Wertschöpfungsketten und internen Geschäftstrukturen optimiert werden müssen. Modewörter wie Big Data entstehen, welche suggerieren sollen, dass es einen ökonomischen Nutzen aus den Datenbergen gewonnen werden kann. Sie enthalten beispielsweise neues Wissen über Methoden zur Optimierung von Betriebsprozessen, Marktlücken, Kundenwünschen und mehr. Doch birgt der Begriff Big Data aus unternehmerischer Sicht noch viel Unwissen. Unternehmen scheuen oft die Methodische Auseinandersetzung mit unstrukturierten Informationen, auch aus Angst einer negativen Reputation. Die effektive Nutzung von Big Data erfordert einerseits geeignete technische Tools und andererseits "intelligente" Algorithmen. Mit diesen Algorithmen können die erforderlichen Daten aus dem vorhandenen Umfeld extrahiert, angezeigt und korreliert werden.[1] Die Digitalisierung führt daher neben Veränderungen im Bereich Daten und Informationen zu weitgreifenden Umstrukturierungen von Branchen und Unternehmen. Wenn der Controller seine Rolle als Geschäftspartner weiterhin kompetent beibehalten und ausführen möchte, muss er die Möglichkeiten und Auswirkungen digitaler Informationen auf Geschäftsmodelle und -prozesse entsprechend verstehen. Big Data ist ein Begriff, der heute unter verschiedenen Bedingungen diskutiert wird. Politik und Wirtschaft sehen darin eine innovative Technologie, die genutzt werden muss, um nachhaltig zu bleiben.

Diese Hausarbeit befasst sich grundlegend mit der Thematik Big Data. Es wird auf die Fragestellung des Nutzens für Unternehmen eingegangen. Die Berufsgruppe der Controller und der Controlling-Bereiche wird als Beispiel dafür genutzt, in wie fern sich die methodischen Kompetenzen verändern und angepasst werden müssen.

---

[1] Vgl. Pätzold (2019)

1.2 Gang der Untersuchung

Das Ziel der nachfolgenden Hausarbeit besteht in der Erfassung des Nutzungspotenzials der weltweitauftretenden Daten und Informationsmengen unter dem Begriff Big Data. Das Grundlegende Potenzial von Big Data soll dementsprechend analysiert werden und auf wirtschaftlich arbeitende Subjekte angewendet werden.

Auf diese Einleitung aufbauend soll in Kapitel zwei die Begriffliche Abgrenzung erfolgen. Wesentlich im Zusammenhang von Big Data zu nennenden Begriffen werden erläutert und ausführlich voneinander abgegrenzt.

In Kapitel drei wird das Nutzenpotenzial von Big Data auf Unternehmen betrachtet. Hierbei werden die Schritte zur Implementierung und die Voraussetzung für eine erfolgreiche Beanspruchnahme definiert. Die aus diesem Kapitel gewonnen Erkenntnisse werden mit dem innerbetrieblichen Bereich des Controllings korreliert. Hierbei werden neue Methodenkompetenzen und Handlungsempfehlungen ausgearbeitet und definiert. Diese Hausarbeit schließt mit Kapitel vier ab. In diesem Kapitel wird sich mit der Schlussbetrachtung, der im Zuge der Thematik der Big Data auftretenden Chancen und Risiken befasst. Ein Fazit, welches auf die Nutzung und Problematik der wissenschaftlichen Fragestellung eingeht, wird formuliert und mit einem Ausblick beendet.

2 Theoretische Grundlagen

2.1 Begriffliche Definition

Um den Einfluss von Big Data auf das betriebswirtschaftliche Controlling zu konkretisieren, bedarf es zunächst der näheren Betrachtung des Terminus und einer obligaten Definition.

Mit der Begrifflichkeit Big Data gehen diverse Interpretationen einher. Interpretationen die je nach Branche und Unternehmen unterschiedlich ausfallen können. Im Zuge dieser Hausarbeit wird sich auf die ökonomische Sicht der Big Data Strukturen bezogen.

Zunächst sollte der Ausdruck Data (Deutsch: Daten) näher betrachtet werden. Daten werden in der Wirtschaftsinformatik digital erfasste Zeichen, welche als Angaben über Sachverhalte und Prozesse als Informationen dargestellt werden, bezeichnet.[2] Daten sind folglich elektronisch erfasste Informationen, die der digitalen Weiterverarbeitung dienen.

Aus wirtschaftlicher Perspektive werden Informationen speziell charakterisiert. Informationen sind der Teil einer Nachricht, der einen Wert für den Empfänger hat. Informationen werden verwendet, um bestehende Wahrscheinlichkeitsurteile in Bezug auf die wirtschaftliche Einheit zu bestimmen und werden durch entscheidungsrelevante Daten oder Ereignisse verändert. [3] Informationen sind demnach sehr relevant für Unternehmen. Sie haben einen wirtschaftlichen Mehrwert für das Wirtschaftssubjekt, denn diese werden bei mehrfacher Benutzung nicht verbraucht und können durch Abtretung der Verfügungsrechte handelbar gemacht werden. Angesichts neuer Kommunikationstechniken geschieht der Transport der Informationen schnell und kostengünstig.

Der namensgebende Bestanteil Big bezieht sich auf die Kapazität der Informationsmenge. Es liegt nahe das eine gewissen Menge an Informationen vorhanden sein muss, um im Kontext mit Big Data in Verbindung gebracht zu werden. Eine exakte Definition über den genannten Umfang gibt es nicht.[4] Davenport definierte 2014 einen Mindestumfang von ein Zehntel Petabyte.[5] Eine hohe Anzahl an Informationen reichen für eine im ökonomischen Kontext für Big Data Strukturen, für diese Hausarbeit, nicht aus. Um eine differenzierte Definition zu finden, trifft man in der Wirtschaftswissenschaft auf weitere Kriterien.

---

[2] Vgl. Lackes, Siepermann (2014), Daten
[3] Vgl. Lackes, Siepermann (2014), Informationen
[4] Vgl. Davenport (2014), S. 6-7
[5] 1 Petabyte = 1.000.000 Gigabyte

Big Data lässt sich weitergehend in drei Dimensionen beschreiben und durch weitere Dimensionen ergänzen.[6] Douglas Laney aus der META Group definierte Big Data 2001 als einer der Ersten, als jene Methode, welche sich im Zuge der Digitalisierung und der immer größer werdenden Informationsflut, eine dreidimensionale Perspektive zu eigen macht: „Big data is high volume, high velocity, and/or high variety information assets that require new forms of processing to enable enhanced decision- making, insight discovery and process optimization"[7]

2.1.1 Volume

Die Volume (Datenmenge) der jährlichen weltweit generierten digitalen Datenmengen lag 2018 bei 33 Zettabyte. Laut einer Prognose erhoben durch Statista, wird diese Datenmenge 2025 auf 175 Zettabyte ansteigen.[8] Dies ist hauptsächlich auf unsere zunehmend digitalisierte Welt und die damit verbundene Zunahme der Datenquellen zurückzuführen. Ausschlaggebend sind die Relevanz und Gültigkeit der Daten, die verwendet werden können. Big Data bezieht sich auf Datensätze, deren Größe die Fähigkeiten typischer Datenbanksoftware zum Speichern, Verarbeiten und Analysieren übersteigt. [9]

Neben internen Informationen, welche das Unternehmen selbst produziert, durch Maschinen- oder Produktionsdaten, fließen auch externe Informationen wie, Daten aus sozialen Netzwerken, Finanzmarktdaten oder Daten von mobilen Endgeräten, dem Wirtschaftssubjekt zu.[10] Das Volumen bilden die Ausgangslage für Big Data Strukturen.

2.1.2 Variety

Durch das stark zunehmende Volumen der Daten, steigt unweigerlich auch die Datenvielfalt. Die Daten werden aus unterschiedlichen Quellen und verschiedenen Datenformaten gewonnen. Die Datenvielfalt bedeutet bei Big Data die Speicherung von strukturierten, halbstrukturierten und unstrukturierten Informationen. [11] Dies ist somit elementarer Unterschied von BD zu großen Datenmengen, denn BD-Software Anwendungen machen auch die Untersuchung von unstrukturierten Daten möglich.

---

[6] Vgl. Curry (2016), S. 30 ff
[7] Vgl. Laney (2001), S. 1 ff
[8] Vgl. https://de.statista.com/statistik/daten/studie/267974/umfrage/prognose-zum-weltweit-generierten-datenvolumen/
[9] Vgl. Reimer, Messerschmidt, Stüben, Rasch (Hrsg.), Ehrig (2013), S. 9
[10] Vgl. Fasel, Meier (Hrsg.) (2016), S. 5-6
[11] Vgl. Fasel, Meier (Hrsg.) (2016), S. 5-6

2.1.3 Velocity

Velocity (Geschwindigkeit) zeigt die Geschwindigkeit auf, mit der bei Big Data Informationen ausgewertet und verfügbar gemacht werden.[12] Dies wird in Bezug auf die großen Datenmengen und die Datenvielfalt relevant. Daten müssen in Echtzeit oder in sekundenbruchteilen ausgewertet werden. Besonders aufgrund der Bereiche Sensorik oder Social Media werden dem Unternehmen Daten direkt in den Geschäftsprozess integriert.[13]

Für die neue Qualität ist es entscheidend, dass herkömmliche Technologien für die Datenverarbeitung nicht mehr ausreichen und daher spezielle Big-Data-Technologien eingesetzt werden.

Diese drei Dimensionen Variety, Velocity und Volumen bilden die Grundeigenschaften von Big Data. Diese drei V`s können durch mindestens zwei weitere Dimensionen erweitert werden, um Big Data Strukturen im ökonomischen Sinne zu konkretisieren.

2.1.4 Value

Ein wichtiger Bestandteil von Big Data ist die Datenquelle und deren Wert für das Unternehmen. Es ist wichtig zu überprüfen, welche Daten im Unternehmen vorhanden sind, welche aktiv verwendet wurden, welche nicht verwendet wurden oder warum nicht.[14] Es ist auch sinnvoll, externe Daten einzubeziehen oder neue Daten in Ihrem Unternehmen zu erfassen, z. B. mithilfe von Datendiagrammen. Sie müssen auch klären, welche Daten für eine bestimmte Entscheidung benötigt werden. Big-Data-Anwendungen sollen den Unternehmenswert steigern, durch Investitionen in Weiterbildungen für das Personal und interne technische Infrastruktur werden überall dort getätigt, wo eine Hebelwirkung besteht. Somit kann ein Mehrwert generiert werden.[15]

2.1.5 Veracity

Big Data Strukturen im Konsens der Veracity (Richtigkeit) treten dann auf, wenn die vorhandene Unternehmensinfrastruktur diese Datenmenge und Datentypen nicht mehr in der erforderlichen Zeit verarbeiten kann. Der Begriff Big Data Analytics wird verwendet, um diesen Prozess zu identifizieren. Es ist sinnvoll, Big Data schnell und gründlich zu analysieren, um so viel Wert wie möglich aus riesigen Datenmengen zu ziehen. Da viele Daten mehrdeutig oder ungenau sind, sind spezifische Methoden

---

[12] Vgl Leodolter (2015)
[13] Vgl. BITKOM (Hrsg.) (2012)
[14] Vgl. McAfee, Brynjolfsson (2012), S. 59-69.
[15] Vgl. Loukides (2010)

erforderlich, um die Signifikanz zu bewerten oder die Qualität der Ergebnisse zu bewerten. Im Zuge von Big Data bedeutet dies, dass Dateninventare mit unterschiedlichen Datenqualitäten abgerufen werden können, was bei der Bewertung berücksichtigt werden muss. Hierbei kommt Big Data Analytics zum Tragen. Solch eine Analyse umfasst Methoden zum automatischen Erkennen und Verwenden von Mustern, Beziehungen und Bedeutungen. Dazu gehören statistische Methoden, Vorhersagemodelle, Optimierungsalgorithmen, Data Mining, Text- und Bildanalysen. Bestehende Informationsanalysemethoden wurden maßgeblich erweitert. Der Fokus liegt auf der Geschwindigkeit der Analyse (Echtzeit, nahezu Echtzeit) und der Benutzerfreundlichkeit, die bei der Verwendung von Analyseanwednungen in vielen Bereichen des Unternehmens ausschlaggebend sind.[16] Aufgrund der Verwendung komplexer Algorithmen erfordert die Analyse von Daten mit mehreren Strukturen eine enorme Rechenleistung. Mit der richtigen Technologie und den richtigen Software-Lösungen können jedoch neue Ergebnisse gewonnen werden.[17]

Data (Daten)	Elektronisch erfasste Informationen zur digitalen Weiterverarbeitung.
Volume (Datenmenge)	Informationsmenge liegt im Petabyte bis Zettabyte Bereich.
Variety (Datenvielfalt)	Verschiedene Datenformat. (Spreadsheets, XML, DBMS)
Velocity (Datengeschwindigkeit)	Eintreffen der Informationen in Echtzeit. (Sensortechnik, Internet der Dinge)
Value (Datenwert für das Unternehmen)	Wissen über den Wert der Information.
Veracity (Datenrichtigkeit)	BD-Analytics, Data Mining

Tabelle 1: Eigene Darstellung Big Data Kriterien im Überblick[18]

---

[16] Vgl. Meier (2018), S. 5 ff
[17] Vgl. BITKOM (Hrsg.) (2012)
[18] Eigene Darstellung

2.2 Ziele und Definition von Big Data im wirtschaftlichen System

Um einen grundlegenden Überblick über den Terminus Big Data zu erlangen, eignet sich die grobe Betrachtung der damit verbundenen und zu erreichenden Ziele. So lässt sich die Einordnung von BD in die Wirtschaft näher analysieren.

Kapital, Arbeit und Rohstoffe sind die klassischen Produktionsfaktoren in der Wirtschaft. In der digitalen Welt treten Daten aller Art als vierter Produktionsfaktor auf.[19] Eines der wichtigsten Ziele von Big Data ist die Ermittlung und Analyse reproduzierbarer Prozessmuster. Die Wirtschaft hofft, dass BD potenziellen Kunden neue Erkenntnisse über potenzielle Risiken und Kaufverhalten bietet und benutzerbasierte Profile generiert, die auch Phänomene wie kleine Daten enthalten können. Es versucht, die Produktion von Industrie 4.0 zu optimieren und flexibel anzupassen, zu innovieren und durch vorläufige Berechnungen eine effektivere Positionierung auf dem Markt zu etablieren.[20]

Die ökonomischen Vorteile von Big Data lassen sich in einigen Unternehmensbereichen demonstrieren. Dies umfasst insbesondere Marketing und Vertrieb, Forschung und Entwicklung, Produktion, Service und Support, Vertrieb und Logistik, Finanz- und Risikokontrolle sowie Verwaltung und Organisation. Finanzielle und risikokontrollierende Vorteile, unter anderem neue Möglichkeiten bei der Betrugserkennung und beim Risikomanagement. Das Hauptaugenmerk der Betrugserkennung liegt darauf, relevante Maßnahmen so vollständig wie möglich zu erfassen und zu überwachen. Das Risikomanagement wird durch hochkomplexe Berechnungen unterstützt.[21] Auch unterscheiden sich die Ziele grundsätzlich leicht in Abhängigkeit der zu betrachtenden Branche. So sind die Einsatzmöglichkeiten von Big Data im Industriesektor besonders vielfältig. Umsatz-, Absatz,-Gewinnsteigerungen, Produktverbesserungen und strategische Steuerung sind nur einige Wesentliche Ziele. Im Einzelhandel gehören Umsatzsteigerung und Kosteneinsparung zu den häufigsten Zielen.[22]

---

[19] Vgl. BITKOM (Hrsg.) (2012)
[20] Vgl. o.V., https://www.gruenderszene.de/lexikon/begriffe/big-data?interstitial_click
[21] Vgl. BITKOM (Hrsg.) (2012)
[22] Vgl. Frauenhofer IAIS, S. 3ff

3 Big Data Strukturen im wirtschaftlichen Konsens

3.1 Implementierung ins Unternehmen

Viele Unternehmen haben noch keine konkreten Ideen zur Verwendung und Implementierung von Big Data. Die möglichen Gründe für diese Situation sind mangelnde Strategie, mangelndes Verständnis für die Technologie und die technischen Möglichkeiten der Big-Data-Technologie sowie mangelnde Unternehmenserfahrung. Bisher wurden nur wenige Prozessmodelle speziell für die Einführung von Big Data veröffentlicht. Dennoch gibt es einen grundliegenden Ansatz für die Implementierung von Big Data in das Unternehmen. Dieser Ansatz wird in 7 Phase aufgeteilt.[23]

Im ersten Schritt werden in Workshops, Leitfragen für die strategischen Unternehmensziele herausgearbeitet. Welche Ziele sollen durch den Einsatz von BD-Analysen erreicht werden. Zum Beispiel versucht das Unternehmen durch den Einsatz von Big Data die Risikominimierung in Korrelation mit den alltäglichen Geschäftsprozessen zu optimieren.

Im nächsten Schritt werden die Verwendungsmöglichkeiten von BD untersucht und deren Qualitäts- und Sicherheitsanforderungen definiert.

Im dritten Schritt werden vorhandene IT-Strukturen mit zukünftigen BD Anforderungen verglichen. Hierbei werden die Chancen und Risiken einzelner Unternehmensbereiche identifiziert.

In Phase vier besteht das Hauptaugenmerk auf den technischen Voraussetzungen zur Implementierung von BD-IT-Lösungen, wie Cloud Anbindungen. Bereits integrierte Business Intelligence wird analysiert und mit den Kriterien der BD-V`s verglichen. Wie muss die IT-Infrastruktur am Ziel aussehen?

Die fünfte Phase werden technische Optionen und Problemlösungen für die BD-Einführung entwickelt. Eindeutige Verantwortlichkeiten für die Daten und ihre Verwendung sowie Konzepte zur Gewährleistung von Transparenz bei der Datenvielfalt und angemessener Datenqualität sind erforderlich.

Im vorletzten Schritt werden BD-Maßnahmen basierend auf den definierten Anwendungsoptionen und unter Berücksichtigung technischer und wirtschaftlicher Prioritäten definiert. Ansätze zur Überwachung des Informationsflusses sollen entwickelt werden.

---

[23] Vgl. Reimer, Messerschmidt, Stüben, Rasch (Hrsg.), Ehrig (2013), S. 14 ff

Im letzten Schritt, der Phase sieben, wird BD zum Einsatz gebracht. Ein BD-Pilotprojekt wird gestartet und weitere Schritte werden evaluiert. Prozesse werden hierbei analysiert und Lösungen zur Optimierung werden erarbeitet.[24]

3.2 Finalisierung der Informationsverarbeitung

Aus den 7 Phasen der Implementierung lassen sich nun 3 Wesentliche Bestandteile einer erfolgreichen BD-Struktur im Unternehmen differenzieren. Neben den theoretischen Fragestellungen, welche Voraussetzungen gegeben sind und welche Ziele erreicht werden sollen, können diese wesentliche Fragestellungen definiert werden. Welche technische Infrastruktur soll geschaffen werden, zur Datenhaltung? Welche Analytics Methoden kommen zum Einsatz? Wie werden die Ergebnisse dargestellt? Diese drei Fragen muss sich ein Unternehmen stellen.

3.2.1 Datenhaltung

Mit Server- und Speicherlösungen kann Big Data meist nur mit sogenannten Cloud-Systemen verwendet werden. Im Jahr 2021 sollen bereits 95 % der gesamtheitlichen Datenverarbeitung aus der Cloud stammen.[25]Diese kombinieren zwei Grundvoraussetzungen für Big Data: die hohe Skalierbarkeit verteilter Systeme. Das verteilte System ermöglicht es, jeden Berechnungsschritt auf verschiedene Systeme zu verteilen, wodurch die Berechnung erheblich beschleunigt wird. In Kombination mit der sogenannten In-Memory-Datenbank kann, die für Big Data erforderliche Hochgeschwindigkeitsdatenverarbeitung aus technischer Sicht realisiert werden.[26] Ein ökonomischer Vorteil wäre die Minimierung der Kosten dieser Systeme durch flexible Anpassung der Speicherkapazität, die beibehalten werden soll. Mit Cloud Computing können auch kleinere Unternehmen Big Data nutzen, ohne die Kosten für die Implementierung neuer Hardware und Software zu tragen.

Wie zuvor beschrieben liegt der Fokus der In-Memory Datenbanken und der Cloud Systeme, auf der Handhabung und Bewältigung der enormen Datenmengen. Diese basieren grundsätzlich auf strukturierten Daten, welche mit Hilfe von Structured Query Language (SQL) Befehlen abgerufen und bearbeitet werden können. In vielen Big-Data-Anwendungsfällen können solche strukturierten Daten jedoch nicht angenommen werden. Tatsächlich ist einer der Vorteile von Big Data die Fähigkeit, unstrukturierte

---

[24] Vgl. Chaki (2015), S. 136-137
[25] Vgl. Kroker (2018)
[26] Vgl. Kornwachs (2020), S. 5-8

Daten zu verarbeiten. Infolgedessen sind immer mehr Datenbankkonzepte entstanden, die Daten unabhängig von der festen Struktur speichern können. Diese werden als Hadoop oder Not only Structured Query Language (noSQL) Datenbanken bezeichnet. NoSQL-Datenbanken sind in Medien und sozialen Netzwerken sehr verbreitet. Generiert werden dort viele unstrukturierte Daten. Bekannte Beispiele sind Open Source-Lösungen MongoDB oder IBM Notes. MapReduce ist das zentrale Beispiel für die Verarbeitung und Analyse der Daten, welches 2004 Goggle eingeführt wurde. Alternative kommerzielle Anbieter sind beispielsweise SAP mit HANA oder Komplettlösungen wie Oracle Big Data Appliance.[27] Bei einer Entscheidung über die technische Implementierung von Big Data müssen insbesondere folgende Kriterien berücksichtigt werden: die Integration der Big Data-Anwendung in das bestehende System und das zur Implementierung der Big Data-Anwendung erforderliche Spezialwissen.[28] Wenn das Unternehmen auf Experten für vorhandene Systeme zurückgegriffen hat, scheint die billigste und einfachste Form der Integration von Big-Data-Anwendungen die Verwendung von Big-Data-Lösungen des Experten zu sein. Bei Open-Source-Lösungen ist einerseits zu beachten, dass der Kauf kostenlos ist, andererseits die Experten für Implementierung und Weiterentwicklung teuer sind, andererseits kann dies die Abhängigkeit von verschiedenen Anbietern verringern.[29]

3.2.2 Analytics

Data Mining ist ein Begriff für eine Vielzahl von Datenverarbeitungsmethoden, zum Beispiel Auffinden von Anomalien, Faktoranalyse, Clustering, Mustererkennung, Regressionsanalyse, Datenaggregation und Visualisierung.[30] Bei dieser Methode werden große Datenmengen und Datenbestände auf Muster und sinnvolle Zusammenhänge erforscht und analysiert. Dies bringt einen vielfältigen Nutzen für das Wirtschaftssubjekt mit. Welches nicht nur zur Entscheidungsfindung mit längerem Zeithorizont verwendet werden kann, sondern auch zur Echtzeitführung, -Steuerung und -Kontrolle von technischen und organisatorischen Prozessen. Ein Teilbereich des DM ist das Machine Learning, welche zu dem Bereich der Künstlichen Intelligenz zählen. Computerprogramme erwerben unabhängig voneinander neues Wissen und generieren Datenmodelle für Vorhersage und Entscheidungsfindung. Die BD-Herausforderung besteht darin, diese Techniken durch Text Mining auf unstrukturierte Daten wie menschlichen Text anzuwenden.

---

[27] Vgl. Waidner (2015)
[28] Vgl. Kornwachs (2020) S. 5 ff
[29] Vgl. BITKOM (Hrsg.) (2013)
[30] Vgl. Kornwachs (2020) S.4

Im Text Mining-Prozess liegt der Schwerpunkt auf der Verarbeitung unstrukturierter Daten, die zumindest schrittweise auch auf andere unstrukturierte Daten, wie Bild-und Audiodaten, anwendbar ist.[31] Im ersten Schritt müssen solche Daten im Voraus ausgewählt werden, um die Anzahl der zu beobachtenden Dokumente zu verringern. In dem darauffolgenden Schritt werden einzelne Dokumente nach einem sogenannten Natural Language Processing-Verfahren (NLP) zusammengefasst und strukturiert. Zum Beispiel werden Bindewörter herausgefiltert. Im letzten dritten Schritt sind strukturierte Daten verfügbar, und diese strukturierten Daten können unter Verwendung bekannter Data Mining-Techniken weiterverarbeitet werden.[32] Daraus resultieren einige Anwendungsbereiche für Unternehmen im Text Mining-Prozess, beispielsweise die automatische Überwachung des E-Mail-Verkehrs mit Kunden, um die Ursache von Beschwerden zu ermitteln und den zuständigen Manager im Berichtssystem über die Aktivität zu informieren, welcher dann Gegenmaßnahmen ergreifen kann. Dies zeigt die Koordinierungsaufgabe des Controllers, der technische und analytische Möglichkeiten identifizieren und koordiniert definieren sollte, zu welcher Zeit, an welchem Ort und in welchem Umfang die Informationen weitergegeben werden sollen.

3.2.3 Datenvisualisierung

Große Datenbanken können einem Unternehmen nur dann einen echten Mehrwert bieten, wenn sie richtig interpretiert werden. Infolgedessen werden Beratung und visuelle Verarbeitung immer wichtiger.[33] Neue Visualisierungsoptionen gehen weit über klassische Tabellen oder Diagramme hinaus. Mithilfe sogenannter Horizontdiagramme können Zeitreihendaten wie Aktienkurse klar analysiert werden. Die Tag-Cloud eignet sich besonders für das Verständnis und zur visuellen Analyse von Texten.

3.3 Anpassung der Methodenkompetenz am Beispiel des Controllings

Das Verständnis über den Beruf der Controller hat sich in den letzten Jahren zu nämlich verändert. Neben einer Erweiterung des Aufgabenspektrums entwickelt sich ein neues Selbstbild des Controllings. Obwohl die Verarbeitung von Informationen im Mittelpunkt des Controllings stand, ergeben sich vor dem Hintergrund der digitalen Transformation von Unternehmen völlig neue Herausforderungen für die methodische Kompetenz im Informationsmanagement. Grundsätzlich wurde in dieser Hausarbeit ermittelt, das durch das Erschließen neuer Datenquellen, diese zu analysieren und zu vernetzen die

---

[31] Vgl. Tiedemann (2019)
[32] Vgl. Saqib, Nianmin (2019), S. 362 ff
[33] Vgl. BITKOM (Hrsg.) (2013)

Unternehmensrentabilität durch BI und BD gewährleistet wird. Als Geschäftspartner ist es nicht unbedingt die Hauptaufgabe des Controllings, solche Datenquellen technisch zugänglich zu machen, aber das Geschäftspotenzial der jeweiligen Datenquellen sollte erkannt und entwickelt werden.[34] Dennoch ist der Bedarf und die Forderung nach der Erweiterung des Berufsbildes in Richtung der fungierten It Technik nicht zu verleugnen, um das Verständnis technischer Prozesse und Zusammenhänge besser Auswerten und beurteilen zu können. Darüber hinaus gibt es neue Berufsfelder wie den sogenannten Data Scientist, die in dieses neue Jobprofil vordringen. Während der Controller für die Nutzung von Big-Data-Lösungen für alle Stakeholder verantwortlich ist, bildet der Data Scientist die Schnittstelle zu den IT-Experten. Er ist für die technische Implementierung von Big-Data-Anwendungen verantwortlich, muss diese jedoch nicht unbedingt programmieren. Vielmehr ist es wichtig, die Anforderungen von Big-Data-Lösungen auf technische Machbarkeit zu prüfen und Implementierungsoptionen gemeinsam mit IT-Experten zu definieren. Der Data Scientist gilt somit als Ideenfinder. [35] Dann wäre es denkbar, dass der Controller seine Aufgabe verliert, da er durch die Tools zur Unterstützung von Big-Data-Entscheidungen ersetzt werden könnte. Selbst dieser Fall erscheint unwahrscheinlich, da für die korrekte Auswahl der erforderlichen Informationen immer noch ein hohes Maß an methodischem Wissen erforderlich ist. Wenn Controlling als sekundäre Koordination interpretiert wird, kann festgestellt werden, dass der Koordinierungsbedarf bei Big Data nicht verschwindet, sondern sogar zunehmen kann, was wiederum die Verwendung von Controllern erforderlich macht.

---

[34] Vgl. Gadatsch (2017), S. 23 ff
[35] Vgl. ICV (2014)

4   Schlussbetrachtung

4.1   Fazit für Wirtschaftssubjekte

Aufgrund der enormen Ausweitung verschiedener Aspekte des Informationsbereichs hat Big Data dem Unternehmen viele neue Möglichkeiten und Anwendungsmöglichkeiten eröffnet. Das neue Ausmaß der Wissensentwicklung und die Entstehung neuer Perspektiven auf die Dinge können neue Geschäftsmodelle und Innovationen verbessern, die fast alle früheren Geschäftsbereiche und Disziplinen betreffen kann. Mit der zunehmenden und ansteigenden Digitalisierung und der damit verbundenen Datenerfassung wird die Bedeutung von Big Data auch in Zukunft weiter zunehmen. Neuartige Methoden in den Bereichen Analytics und moderne Technologien können es Unternehmen ermöglichen, den Fundus nicht genutzter interner und externer Informationsquellen auszuschöpfen. Big Data bietet die Möglichkeit, Entscheidungen auf Managementebene zu verbessern und zu beschleunigen, was den Wert des Unternehmens erhöht. Die zunehmenden Datenmengen können als Rohstoff angesehen werden, der Nutzen und Gewinn generieren kann.[36] Daher ist es für Unternehmen wichtig zu definieren, welche Daten verfügbar sind, die Informationen enthalten, die für die weitere Entwicklung des Unternehmens relevant sind.

Die bisher genannten Chancen sind jedoch auch mit Risiken verbunden. Manchmal ist das Image des Unternehmens gefährdet, wenn ein Vertrauensbruch in der Beziehung zu Kunden oder Geschäftspartnern vorliegt. Besonders in Bereichen der Personalkomplexität kann Big Data zu einem Personalabbau führen, eröffnet aber neue Möglichkeiten in den Bereichen Data Science sowie generell in der Datenanalyse und -interpretation. Zur Umsetzung eines BD-Projekts sind Kompetenzen aus verschiedenen Bereichen erforderlich. Dazu gehören: Datenverwaltung, Dokumentenverwaltung und Datenschutz. Je besser die Kompetenzen in einem Team oder einer Abteilung zusammengestellt sind, desto wahrscheinlicher können Risiken vermieden werden.

4.2   Ausblick

Trotz des Fachbegriffs ist Big Data keine Softwarelösung, die wie ein Betriebssystem gekauft und verwendet werden kann. In vielen Fällen führt die Einführung von Big Data zu einer grundlegenden Änderung der Prozesse des Unternehmens mithilfe innovativer Technologien. Die Einführung von Big Data ist ein Change-Management-Projekt, das Aspekte wie Geschäftsmodellinnovation, Prozessmanagement, Organisation und

---

[36] Vgl. Seufert, Oehler (2016), S. 77 ff

Informationstechnologie umfasst. Eine standardisierte Lösung zur Implementierung von Big Data existiert nicht. Aufgrund dessen ist die Nachfrage nach Mitarbeitern mit Big-Data-Kenntnissen sehr hoch. Daher können Hochschulen und Universitäten die Aus- und Weiterbildung von Big-Data-Experten stärken. Dennoch ist der Erfolg bei der Anwendung von Big-Data-Technologien durch einen kulturellen Wandel im Unternehmen bis hin zur Aufgabe technischer Bereiche und Organisationsstrukturen gekennzeichnet. Eine frühzeitige Auseinandersetzung mit Big Data ist elementar. Eine geringe Auseinandersetzung mit Themen, wie dem Datenschutz, können dem Unternehmen ihre Reputation kosten.

5 Quellen

BITKOM (Hrsg.): Big Data im Praxiseinsatz–Szenarien, Beispiele, Effekte, auf: https://www.bitkom.org/sites/default/files/file/import/BITKOM-LF-big-data-2012-online1.pdf, 2012, abgerufen am: 16.01.2020

BITKOM (Hrsg.): Management von Big-Data-Projekten, auf: https://www.bitkom.org/sites/default/files/pdf/noindex/Publikationen/2013/Leitfaden/Management-von-Big-Data-Projekten/130618-Management-von-Big-Data-Projekten.pdf, 2013, abgerufen am 29.01.2020

Chaki, Saumya: Enterprise Information Management in Practice- Managing Data and Leveraging Profits in Today´s Complex Business Environment, 2015, Springer Apress

Curry, Edward: The Big Data Value Chain: Definitions, Concepts, and Theoretical Approaches, 2016, Springer Verlag

Davenport, Thomas H.: Big Data @ Work - Chancen erkennen, Risiken verstehen; München, Vahlen, 2014

Fasel, Daniel/ Meier, Andreas (Hrsg.): Big Data-Grundlagen, Systeme und Nutzungspotenziale, 2016, Wiesbaden, Springer Fachmedien

Frauenhofer IAIS: Big Data-Vorsprung durch Wissen-Innovationspotenzialanalyse, auf: https://www.iais.fraunhofer.de/content/dam/iais/gf/bda/Downloads/FraunhoferIAIS_Big-Data-Analyse_Doku.pdf, Fraunhofer-Institut für intelligente Analyse- und Informationssysteme IAIS

Gadatsch, Andreas: Einführung und Implementierung von Big Data, in Big Data für Entscheider, 2017, Springer Fachmedien Wiesbaden

ICV: Big Data-Potenzial für den Controller, auf: https://www.icv-controlling.com/fileadmin/Assets/Content/AK/Ideenwerkstatt/Files/ICV_Ideenwerkstatt_DreamCar-Bericht_BigData.pdf, 2014, abgerufen am 10.02.2020

Kornwachs, Klaus: Daten–Interessen–Ontologien–oder wie Geschäftsmodelle die Wissenschaft verbiegen, in Datafizierung und Big Data, 2020, Springer Fachmedien Wiesbaden

Kroker, Michael: Im Jahr 2021 stammt 95 Prozent des gesamten Datenverkehrs in Rechenzentren aus der Cloud, auf: https://blog.wiwo.de/look-at-it/2018/02/14/im-jahr-2021-stammt-95-prozent-des-gesamten-datenverkehrs-in-rechenzentren-aus-der-cloud/, 2018, abgerufen am 24.01.2020

Lackes,   Richard/   Siepermann,   Markus: *Daten*,   auf: https://wirtschaftslexikon.gabler.de/definition/daten-30636/version-184347,   2014, abgerufen am: 09.01.2020

Lackes, Richard/ Siepermann, Markus: *Informationen*, auf: https://wirtschaftslexikon.gabler.de/definition/information-40528/version-184679,   2014, abgerufen am: 09.01.2020

Laney, Doug: 3D data management: Controlling data volume, velocity, and variety. Technical   report,   META   Group,   auf: https://blogs.gartner.com/doug-laney/files/2012/01/ad949-3D-Data-Management-Controlling-Data-Volume-Velocity-and-Variety.pdf, 2001, abgerufen am: 12.01.2020

Leodolter, Werner: Das Unterbewusstsein von Organisationen-Neue Technologien-Organisationen neu denken, 2015, Springer Berlin Heidelberg

Loukides, Mike: What is data science?, auf: https://www.oreilly.com/radar/what-is-data-science/, 2010, O´Reilly, abgerufen am: 19.02.2020

McAfee, Andrew/ Erik Brynjolfsson: Big Data: The Management Revolution, auf: https://hbr.org/2012/10/big-data-the-management-revolution, 2012, Harvard Business Review (90)

Meier, Andreas: Was heißt Big Data? Aus: Werkzeuge der digitalen Wirtschaft-Big Data, NoSQL & Co, 2018, Springer Fachmedien Wiesbaden

o. V.: Prognose zum Volumen der jährlich generierten digitalen Datenmenge weltweit in den Jahren 2018 und 2025, auf: https://de.statista.com/statistik/daten/studie/267974/umfrage/prognose-zum-weltweit-generierten-datenvolumen/, abgerufen am: 12.01.2020

o.V.: Lexikon-Big Data, auf https://www.gruenderszene.de/lexikon/begriffe/big-data?interstitial_click, abgerufen am: 14.01.2020

Pätzold, Martin: These 8: Thick Data statt Big Data, in: Neue Wettbewerbspolitik im 21. Jahrhundert, 2019, Springer Fachmedien Wiesbaden

Reimer, Bernd/ Messerschmidt, Marcus/ Stüben, Jan/ Rasch(Hrsg), Michael/ Ehrig, Marc: Big Data-Bedeutung Nutzen Mehrwert, auf: https://www.pwc.de/de/prozessoptimierung/assets/pwc-big-data-bedeutung-nutzen-mehrwert.pdf, 2013, abgerufen am 12.01.2020, PricewaterhouseCoopers Aktiengesellschaft Wirtschaftsprüfungsgesellschaft

Saqib, Alam/ Nianmin, Yao: Big Data Analytics, Text Mining and Modern English Language, in: Journal of Grid Computing, 2/2019, Springer

Seufert, Andreas/ Oehler, Karsten: Controlling und Big Data: Anforderungen an die Methodenkompetenz, in: Controlling & Management Review Sonderheft 1, 2016, Springer Fachmedien Wiesbaden

Tiedemann, Michaela: Text Mining–Grundlagen, Methoden und Anwendungsfälle, auf: https://www.alexanderthamm.com/de/artikel/text-mining-grundlagen-methoden-und-anwendungsfaelle/, 2019, abgerufen am: 29.01.2020

Waidner, Michael: Chancen durch Big Data und die Frage des Privatsphärenschutzes, auf: https://www.sit.fraunhofer.de/fileadmin/dokumente/studien_und_technical_reports/Big-Data-Studie2015_FraunhoferSIT.pdf, 2015, Frauenhofer Verlag, Stuttgart